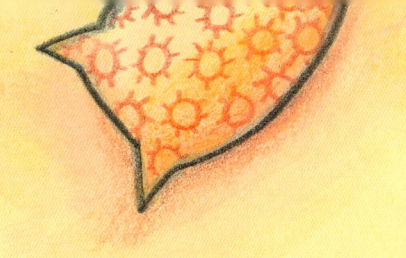

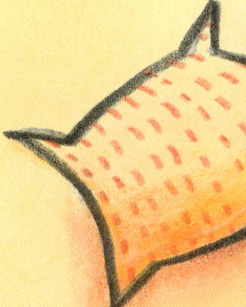
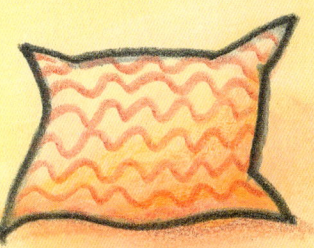

In dieser Reihe sind bisher erschienen:

Fantastische Vorlesegeschichten – Hexen, Drachen, Zauberer
Kuschelige Vorlesegeschichten – Träume, Sterne, Regentage
Wilde Vorlesegeschichten – Piraten, Ritter, Räuberbanden
Zauberhafte Vorlesegeschichten – Prinzessinnen, Feen, Meerjungfrauen

ellermann im Dressler Verlag GmbH · Hamburg
© Dressler Verlag GmbH, Hamburg 2016
Alle Rechte vorbehalten
Einband und farbige Illustrationen von Dorota Wünsch
Reproduktion: Zieneke PrePrint, Hamburg
Druck und Bindung: Livonia Print, Riga
Printed 2016
ISBN 978-3-7707-2733-9

www.ellermann.de

Ann-Katrin Heger

Lustige Vorlesegeschichten

Flausen, Faxen, Firlefanz

Bilder von Dorota Wünsch

ellermann im Dressler Verlag GmbH · Hamburg

Die Vorlese-Mitmach-Reihe

Vorlesen heißt in kleinen Geschichten die Welt entdecken. Vorlesen heißt Nähe und Geborgenheit genießen; und ganz nebenbei die kindliche Sprachentwicklung fördern. Dabei macht es Kindern Spaß, über das Gehörte zu sprechen, etwas auf Bildern wiederzuentdecken oder ihre Helden nachzuahmen. Sie wollen erzählen, entdecken und aktiv werden. Deshalb finden Sie in diesem Buch viele lustige Ideen zum Mitmachen.

Erzählen! – Rätselfragen und Gesprächsanlässe
Die Fragen mit der Sprechblase als Symbol laden zum Erzählen ein. Bei der Beantwortung geht es nie um ein richtig oder falsch, sondern immer darum, mit den Kindern ins Gespräch zu kommen und ihren eigenen Gedanken Raum zu geben.

Entdecken! – Suchbilder und mehr
Die Fragen und Ideen mit der Lupe als Symbol laden zum genauen Hingucken, zum Suchen und Entdecken ein. Bei manchen Fragen geht es darum, das Gehörte in den Bildern wiederzuentdecken. Andere Fragen erzählen die Geschichten weiter und beflügeln so die Fantasie.

Aktiv werden! – Kleine Bewegungsspiele und Aktionsideen
Die Ideen mit der Hand als Symbol regen zum Aktivwerden an: zum Spielen, Bewegen, Lachen und Sachen machen. Kinder können ihren Helden zum Beispiel durch ein Klatschen zu Hilfe kommen und werden so Teil der Geschichte.

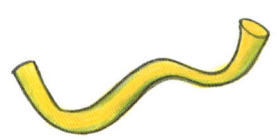

Und für alle, die noch mehr wollen, gibt es am Ende jeder Geschichte eine besondere Aktionsidee. Sie erkennen sie an diesem Schild:

Mal ist diese Idee **ein Rezept**, mal **eine Bastelidee** oder **ein Spiel**. So können Sie gemeinsam noch etwas länger in der Geschichte bleiben.

Jedes Kind ist anders ...

... und kann unterschiedlich lange zuhören. Deshalb sind die Geschichten in diesem Buch unterschiedlich lang. Die Fragen und Ideen zum Mitmachen eignen sich vor allem bei jüngeren Kindern gut dazu, sie wieder in die Geschichte zu holen.

... und hat seinen eigenen Kopf. Wählen Sie deshalb die Fragen und Mitmach-Ideen je nach Zuhörer aus. An den unterschiedlichen Symbolen erkennen Sie schnell, um was für eine Art von Frage es sich handelt.

... und jeder Vorleser auch. Entscheiden Sie selbst, ob Sie die Fragen vorlesen oder in eigene Worte fassen.

... und jede Vorlesesituation auch. Sie haben viel oder wenig Zeit, sitzen auf dem Sofa oder liegen schon im Bett. Deshalb bleibt es ganz Ihnen überlassen, wie viele und welche Fragen oder Aufgaben Sie stellen möchten. Die Geschichten können auch ganz ohne Fragen vorgelesen werden.

Inhaltsverzeichnis

Die Gute-Laune-Waschstraße

Emil steckt den Kopf zur Küchentür herein: „Mama, darf ich was Süßes?", fragt er.

„Aber nur *eine* Sache", sagt Mama. Sie sitzt am Küchentisch und sieht ganz traurig aus. Dann seufzt sie. „Und bring mir bitte ein Stück Schokolade mit. Ich hab ganz trübe Laune heute …"

Emil flitzt ins Wohnzimmer und öffnet die Süßigkeitenschublade. Er holt die große Nugattafel raus, das ist seine Lieblingssorte!

Zurück in der Küche, legt er Mama den Rest der Schokolade vor die Nase. Mama beißt lustlos ein Stück ab und kaut darauf herum. Dann legt sie den Kopf auf den Küchentisch und seufzt wieder.

Mach mal ein trauriges Gesicht.

Emil wundert sich. Was ist denn mit Mama los? Sonst ist sie immer so fröhlich und macht ganz viel Quatsch mit ihm. Und jetzt? Emil kann die dunkle Wolke, die da über Mama hängt, richtig spüren. Er will ihr unbedingt helfen. Nur wie?

Emil geht in sein Zimmer und setzt sich in sein Pappkarton-rennauto. Dort kann er am besten nachdenken. Kaum hat er die Hände am Lenkrad, fällt ihm auch schon etwas ein. Logisch! Wenn ein Auto durch Matsch gefahren ist und trübe Scheiben hat, dann muss es durch die Waschstraße. Danach blitzt alles wieder wie neu.

Warst du schon mal in einer Waschstraße?

Vielleicht klappt das bei Mama ja genauso. Schließlich ist ihre Laune heute auch trübe, und sie sieht total matschig aus. Also muss sie durch die Gute-Laune-Waschstraße. Dass er da nicht gleich dran gedacht hat …

Emil holt eine Duschhaube, einen Staubsauger, einen Waschlappen und eine Schüssel warmes Wasser. Das alles stellt er auf den Boden neben seinen Schreibtischstuhl. Die bunte Pfauenfeder und sein Witzebuch legt er neben das Bett.

Zufrieden schaut er sich um. Jetzt kann es losgehen.

„Mama, kommst du mal?", ruft Emil.

„Was ist denn?", fragt Mama.

Emil merkt an ihrer Stimme, dass ihre Laune immer noch nicht besser ist. Es ist wirklich höchste Zeit, dass er etwas dagegen unternimmt.

„Etwas Wichtiges. Eine Überraschung. Eine ganz tolle Überraschung!", ruft Emil.

„Na, wenn das so ist. Dann *muss* ich ja wohl kommen", antwortet Mama.

Als sie die Zimmertür öffnet, nimmt Emil sie an die Hand und führt sie zu seinem Schreibtischstuhl.

„Bitte nehmen Sie Platz, meine Dame", sagt er.

Entdeckst du alle Dinge, die Emil geholt hat?

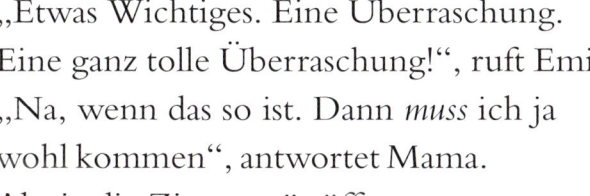

Mama lacht und lässt sich auf das Stuhlkissen plumpsen. „So bin ich schon lange nicht mehr genannt worden …"

Emil macht ein wichtiges Gesicht. „Dann wurde es höchste Zeit. Und jetzt entspannen Sie sich."

Er stülpt Mama die Duschhaube über den Kopf. Dann stellt er den Staubsauger auf kleinster Stufe an und hält den Schlauch an die Duschhaube. *Slutsch!* ist sie weggesaugt.

Emil drückt den Aus-Knopf und legt den Schlauch beiseite. „In der Haube habe ich Ihre traurigen Gedanken gefangen, und nun sind sie fort. Im Staubsaugerbeutel", erklärt er.

Mama lächelt. „Ich fühle mich tatsächlich befreit", sagt sie. „Zumindest der Duschhaubengummi drückt nicht mehr!"

Emil taucht den Waschlappen ins Wasser und streicht Mama über die Stirn.

Was machst du, wenn du traurig bist?

„Nun wasche ich Ihre trübe Stimmung weg", flüstert er Mama ins Ohr.

„Oh, das ist sehr angenehm", flüstert Mama zurück.

„Gut", meint Emil. „Legen Sie sich nun bitte auf das Bett."

Mama geht zum Bett und legt sich hin. Emil nimmt seine Pfauenfeder und streicht ihr sanft über das Gesicht und die Hände. Dann schlägt er sein Witzebuch auf und liest vor: „Zwei Zahnstocher gehen in den Wald. Da sehen sie einen Igel. Sagt der eine Zahnstocher zum anderen: ‚Hast du gewusst, dass hier auch Busse fahren?'"

Jetzt muss Mama richtig laut kichern. Sie zieht Emil zu sich aufs Bett und knuddelt ihn ganz doll. Als Emil sieht, dass Mama wieder fröhlich ist, drückt er ihr ganz schnell einen Kuss auf die Nase.

Hast du auch einen Lieblingswitz?

Drücke jemandem, den du lieb hast, auch einen Kuss auf die Nase!

Gute-Laune-Macher!

Nicht immer hat man einen Emil, der die schlechte Laune fortpustet und wegwischt …
Aber das macht gar nichts, denn es gibt ein paar tolle Tricks gegen schlechte Laune.

So wird's gemacht

• Schreie laut und stampfe mit dem Fuß auf. (Wenn es nicht gerade spätabends ist …)
• Mach das Fenster auf und die Augen zu. Atme dir den ganzen Bauch voller Luft. Atme langsam wieder aus.
• Renne im Flur auf und ab, bis du ganz außer Puste bist.
• Boxe auf dein Kopfkissen ein, bis deine Arme sich schlapp anfühlen.

Und? Schon viel besser, oder?
Jetzt kannst du jeden ollen Miesepeter mit deiner neuen guten Laune anstecken!

Die Verwechseltasche

Die Sonne brennt heiß auf die Liegewiese im Stadtpark. Überall sitzen Leute auf bunten Handtüchern, und Sonnenschirme stecken im Gras.

Lene schnuppert. Ahhh! Sonnenmilch. Und Wassermelone. Darauf hat sie sich schon die ganze Woche gefreut. Und das Beste ist: Papa hat den ganzen Tag bürofrei und damit ganz viel Zeit für Lene.

Papa stellt die große rote Tasche mit den weißen Punkten unter einem Baum ab. „Hier ist es doch schön. Was meinst du, Lenchen?", fragt er.

„Galaktisch bombastisch", antwortet Lene und grinst. Sie zieht den Reißverschluss der Tasche auf, um Badeanzug und Handtuch herauszuholen. Doch das ist ganz und gar unmöglich! In der Tasche sind nämlich keine Schwimmsachen. Stattdessen ist sie randvoll mit Tütchen.

Welches Handtuch findest du am schönsten?

Lene sieht sich das genauer an: In den Tütchen ist eine Glibber-masse in unterschiedlichen Farben. Merkwürdig!

„Papa, das ist nicht unsere Tasche. Da ist ganz komisches Zeugs drin!", sagt Lene.

Papa schaut erst verwirrt, doch dann schlägt er sich mit der Hand an die Stirn.

„Oh nein. Ich hab noch gesehen, dass der Mann neben uns im Bus die gleiche Tasche hat. Ich glaube …"

„… der hat die Taschen verwechselt und hat jetzt unsere?", fragt Lene erschrocken.

Papa nickt unglücklich. „Genau das", sagt er und kramt in der Verwechseltasche herum. „Zum Glück, hier steht die Adresse: Kalle Wruck, Sternweg 12 a. Die Straße kenn ich. Sie ist direkt hier um die Ecke."

Wie sieht die Tasche aus?

Lene seufzt. „Und ich hatte mich so aufs Faulenzen gefreut …“, sagt sie wenig begeistert.

Als Lene und Papa in den Sternweg einbiegen, leuchtet ihnen das Haus mit der Nummer 12 a knallrosa entgegen. Das gefällt Lene. Und als sie klingeln, kringelt sich ein Duft von Karamell und Mamas Kräutergarten in Lenes Nase. Das gefällt ihr noch besser.

In diesem Augenblick reißt ein Mann die Tür auf. Er hat eine Glatze und trägt eine Brille mit dicken Gläsern.

„Oh, hallo! Ja?“, fragt der Mann etwas verwirrt.

Papa hält die gepunktete Tasche hoch. „Guten Tag, Herr Wruck. Wir haben versehentlich Ihre Tasche mitgenommen, und vermutlich haben Sie unsere.“

Herr Wruck reißt glücklich die Arme nach oben. „Meine Schätzchen! Ich dachte schon, ich würde euch nie wiedersehen, riechen und schmecken!“, ruft er und drückt die Tasche eng an sich.

Lene nimmt Papas Hand. „Ich glaube, dieser Kalle Wruck ist ziemlich plemplem“, flüstert sie Papa zu.

Papa zwinkert ihr zu und wendet sich an Herrn Wruck, der immer noch mit der Tasche schmust. „Dürften wir um *unsere* Tasche bitten?“, fragt er freundlich.

Herr Wruck sieht die beiden an und überlegt. Er tritt einen Schritt zurück: „Aber selbstverständlich! Bitte kommen Sie doch herein. Mögen Sie Gummibärchen?“

„Sehr, sehr gerne“, sagt Lene. Sie merkt, wie ihr Bauch ganz von allein Platz macht für einen riesigen Haufen Gummibärchen. Und plötzlich findet sie Herrn Wruck gar nicht mehr sooo plemplem …

Kannst du das knallrosa Haus entdecken?

Schnapp dir ein Kuscheltier und drücke es auch eng an dich.

Was naschst du am liebsten?

15

„Ich habe auch eine Schwäche für das Gummizeugs", sagt Papa. Ihm läuft schon das Wasser im Mund zusammen.

„Sehr gut, dann kommen Sie mit! Sie haben doch fünf Minuten?" Herr Wruck führt sie ins Wohnzimmer und rückt zwei Stühle zurecht. „Ich bin nämlich Gummibärchenerfinder."

Er stellt die Tasche auf den Esstisch und holt die Tütchen mit der Wabbelmasse heraus.

„Das hier", sagt Herr Wruck, „sind die neuesten Gummibärchen-Geschmacksrichtungen. Alles natürlich strengstens geheim. Es ist das Ergebnis meiner monatelangen Forschungen."

Glücklich hält er ein gelbes Tütchen hoch. „Darauf bin ich besonders stolz: Senf-Pfirsich-Geschmack."

Herr Wruck schneidet ein kleines Scheibchen ab und hält es Lene hin. „Probier mal!", sagt er.

Lene zögert. Die Tüten mit dem Wabbelzeug sind also super-strenggeheime Gummibärchen. Spannend! Aber Senf-Pfirsich als Geschmacksrichtung? Das klingt ziemlich eklig, findet Lene.

Würdest du dich trauen, das zu versuchen?

Tapfer steckt sie sich das Wabbelstückchen in den Mund. Es schmeckt total anders als alle Gummibärchen, die Lene je probiert hat – aber gut!

Papa bekommt ein Gummibärchen mit Bananen-Erbsen-Geschmack. Er verzieht das Gesicht. „Jahaha, ganz prima", sagt er laut. Doch als Herr Wruck gerade nicht aufpasst, lässt Papa das Gummibärchen – SCHWUPS! – in seiner Hosentasche verschwinden. Iiiih, das gibt bestimmt eine schöne Zusammenklebe-Schweinerei, denkt Lene und kichert.

Nach einer halben Stunde können Papa und Lene nicht mehr. Erdbeer-Tomate, Mango-Veilchen und Brennnessel-Vanille … puh, Lenes Bauch ist ganz dick von dem vielen Gummizeugs. Papa ist sogar schon ein wenig grün im Gesicht.

„Wir müssen dann mal los", sagt er. „Wo steht denn unsere Tasche?"

Herr Wruck lacht und reicht Papa die Punktetasche mit den Badesachen. „Gummibärchentester ist nicht so leicht, wie es klingt, nicht wahr?! Vielen Dank, ihr habt mir sehr geholfen."

Welche Sorte würdest du erfinden?

Ein paar Wochen später kommt Papa vom Supermarkt nach Hause. Er lehnt eine Tüte mit Gummibärchen an Lenes Tasse. „Was ist das?", fragt Lene neugierig.

Papa lächelt und liest vor: „Neu. Lenes Lieblinge mit Pfirsich-Senf-Geschmack."

Gummibärchen-Raten

Willst du auch einmal Gummibärchentester werden?

Du brauchst
Eine Tüte Gummibärchen

So wird's gemacht
Schnapp dir eine Tüte Gummibärchen und suche zuerst von
jeder Farbe eines heraus. Die
lutschst du dann nacheinander
und versuchst, dir den jeweiligen
Geschmack gut zu merken …
Apfel, Orange, Zitrone, Erd-
beere oder Ananas.

Und jetzt wird es schwierig. Du lässt dir die Augen verbinden und
greifst blind in die Tüte.
Na, kannst du die Farbe des Gummibärchens erraten?

Natürlich kannst du das auch mit Freunden spielen. Wer hat die meisten Gummibären richtig geraten? Der ist der Gummibärenkönig!

18

Spu(c)k um Mitternacht!

„Der ist es! Der ist es!" Blasius rüttelte Fred wach und zeigte aufgeregt aus dem Burgfenster. Ein Mann, eine Frau und ihr blasser, kleiner Sohn stiegen gerade die Steinstufen zum Eingang der Burg hinauf. Sie hatten jede Menge Koffer bei sich.
Blasius lachte frech. „Der Kleine ist bestimmt superleicht zu erschrecken!", sagte er. „Der hat so ein richtiges *Ich-mach-mir-gleich-in-die-Hose*-Gesicht."
Fred warf einen kurzen Blick nach draußen, gähnte ausgiebig und rollte sich wieder auf die Seite.
„Hast recht. Der ist super. Aber jetzt lass mich bitte, bitte weiterschlafen. Es ist ja noch mitten am Tag!", murmelte er.
Seit zwei ganzen Wochen waren die beiden Junggeister Blasius und Fred nun schon auf

Wie viele Fahnen wehen auf der Burg?

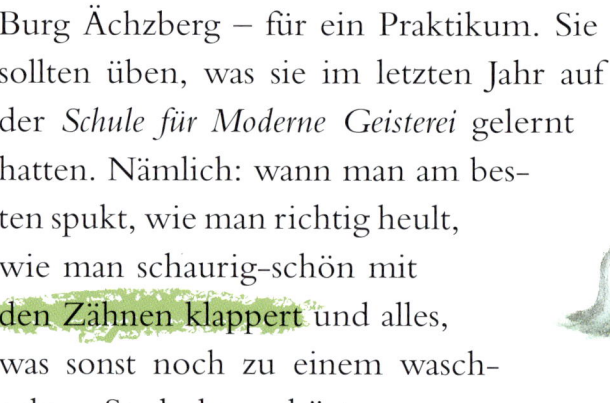

Burg Ächzberg – für ein Praktikum. Sie sollten üben, was sie im letzten Jahr auf der *Schule für Moderne Geisterei* gelernt hatten. Nämlich: wann man am besten spukt, wie man richtig heult, wie man schaurig-schön mit den Zähnen klappert und alles, was sonst noch zu einem waschechten Spuk dazugehört.

Klappere auch mit den Zähnen.

Viel Gelegenheit zum Üben hatten Blasius und Fred bisher allerdings nicht gehabt. Und noch viel weniger Erfolg. Bei der alten Frau Mondbach auf Zimmer sieben hatten sie es zuerst versucht. Mit krächzendem Wassergurgeln in c-Moll. Doch Frau Mondbach hatte sich gar nicht gerührt und unbeirrt weitergeschlafen. Da hatte Fred bemerkt, dass ihr Hörgerät auf dem Nachttisch lag. Mutig hatte er es eingeschaltet und versucht, es in ihr Ohr zu stopfen. In dem Augenblick begann Frau Mondbach jedoch nach ihnen zu schnappen und wild um sich zu schlagen. Ohne dabei aufzuwachen! Deshalb hatten sich Fred und Blasius lieber aus dem Staub gemacht.

Entdeckst du das Hörgerät?

Bei Herrn Flock, dem Gast nebenan, lief es auch nicht viel besser. Der wälzte sich zwar beim zweistimmigen Geistergeheul unruhig im Bett hin und her. Aber am nächsten Tag beschwerte er sich beim Hoteldirektor lediglich darüber, dass die Klospülung die ganze Nacht gerauscht habe.

KLOSPÜLUNG? Blasius und Fred konnten es nicht fassen. Das war ja wohl der Gipfel! In der Schule hatten sie auf genau dieses

Warum sind Blasius und Fred so sauer?

20

zweistimmige Geheul mit Rhythmen aus der Popmusik eine Eins bekommen! Nein, dieser Herr Flock hatte es nicht verdient, weiter von ihnen erschreckt zu werden!

Aber was jetzt? Weitere Gäste gab es ja nicht …

… bis heute. Nun war der blasse Junge mit seinen Eltern hier. Blasius rieb sich voller Vorfreude die Hände. Fred und er würden dafür sorgen, dass der Junge seinen Urlaub niemals vergessen würde. Haha! Heute Nacht … da würde ihm die Spucke wegbleiben. Die Haare zu Berge stehen. Und die Gänsehaut, die würde er den ganzen Urlaub nicht mehr loswerden!

Um halb zwölf tutete das Nebelhorn. Fred machte vor Schreck einen Purzelbaum.

„Ich kann mich an diesen Wecker einfach nicht gewöhnen", murrte er verschlafen.

Wann hattest du schon einmal Gänsehaut?

Wie sieht deine
Kindergarten-
tasche aus?

Blasius hingegen hatte den ganzen Tag kein Auge zugetan.
Er hatte sich alles ganz genau überlegt. Dieses Mal durfte
nichts schiefgehen. Deshalb wollte Blasius unbedingt das *Lehrbuch
der Geisterei* dabeihaben.

Er kramte in seiner Büchertasche. Ah, da war das Buch! Doch
igittigitt! Die Seiten fühlten sich ganz feucht und matschig an.
Blasius betrachtete das Buch genauer. Oh nein! Auch die Schrift
war ganz verwischt!

„Verflixt und zugenäht! Schau dir die Bescherung an, Fred. Das
Buch ist völlig hinüber!", jammerte Blasius.

Fred gähnte. „Reg dich nicht auf", sagte er. „Mir ist Wasser auf das
Buch getropft, als wir bei Frau Mondbach gegurgelt haben. Ist
doch pupsegal. Ich kann alles auswendig."

Blasius sah Fred zweifelnd an, sagte aber nichts und klemmte sich
das Buch unter den Arm.

Kurz vor Mitternacht machten sich die beiden Geister auf den
Weg. Vor dem Zimmer des Jungen schlug Blasius das Kapitel *Geistern mit allem Pipapo* auf.

Er seufzte. Diese Seite hatte es besonders arg erwischt. „Wie sollen wir denn jetzt üben?", flüsterte Blasius unglücklich.

Fred guckte kurz auf die Seite, riss Blasius das Buch aus der Hand und steckte es ein.

„Kein Problem", sagte er. Er tippte sich an die Stirn. „Ich ergänze alles aus meinem unerschöpflichen Wissen! Und jetzt rein mit uns!"

Fred drückte leise die Klinke hinunter. Die Tür war unverschlossen.

Blasius zögerte. „Äh, sollten wir nicht lieber durch die Wand kommen? Ich meine, durch die Tür kann doch irgendwie jeder", sagte er.

„Papperlapapp. Kein übertriebener Aufwand." Fred schlüpfte ins Zimmer und betrachtete den Jungen. „Der schläft tief und fest. Er hätte gar nicht mitbekommen, wenn du durch die Wand geschwebt wärst."

„Ich hätte es eben gerne mal geübt." Wütend verschränkte Blasius die Arme.

Fred verdrehte genervt die Augen. „Können wirrr loslegen? Ist es berrrreits Mitterrrrnacht?", fragte er und schwebte hoch bis an die Zimmerdecke.

Blasius kicherte. „Sag mal, warum redest du denn auf einmal so komisch?", fragte er.

„Das ist viel eindrrrucksvollerrr für das Opferrr", sagte Fred überzeugt. Und dann fügte er hinzu: „Hab ich zumindest gelesen …"

„Aber du hast doch gerade gesagt, dass der Junge noch schläft", wandte Blasius ein.

Was sollte ein Geist auf jeden Fall können?

Rolle das „R" wie Fred und sage: Rrrumpelrrrollmops.

23

„Ach so, jaja, dann hat das noch Zeit",
meinte Fred. „Also, können wir beginnen?"
Blasius warf einen Blick nach draußen auf die Turmuhr und nickte.
„Kann losgehen!"
Fred setzte sich neben das Kopfkissen
des Jungen und begann, Spucke in
seinem Mund zu sammeln. Dann plus-
terte er sich zu einer großen weißen
Wolke auf und blies die Spucke im hohen
Bogen über das Bett des Jungen. Es zischte,
und dann klatschte die Spucke auf den Boden. Der Junge rührte
sich nicht.

„Mit dem Kind stimmt was nicht!", sagte Fred. „Warum erschreckt
es sich denn nicht?"

„Vielleicht, weil das echt nicht besonders gruselig war?", überlegte
Blasius. „Bist du dir sicher, dass das mit der Spuckerei so in unserem Buch steht?"

„Ich bin mir sogar sehr sicher." Fred machte eine Pause und we-
delte mit dem Arm über der Seite des Buches herum. Dann ließ er
den Finger auf einen Wasserfleck sausen. „Hier … steht es: Beginnen Sie um Mitternacht mit dem Spucken!"

Mit wichtiger Miene hielt er Blasius das Buch unter die Nase.
„Vielleicht stand das da mal. Um ehrlich zu sein, ich kann da nichts
mehr lesen", meinte Blasius und betrachtete das verwischte Wirr-
warr aus Buchstaben.

Was findest
du gruselig?

24

Wütend zog Fred das Buch wieder an sich. „Ich sagte dir doch: Ich habe ein sehr gutes Gedächtnis! Das stimmt schon alles. Als Nächstes steht da: Nehmen Sie Ihren Knopf ab und rollen Sie ihn über den Boden!"

Blasius war verwirrt. „Also bitte, welchen Knopf denn nun wieder?" Er sah an sich herunter. Nur weißer Geisterwabbelnebel. Kein Knopf. Nirgends.

„Keine Ahnung. *Irgendeinen* Knopf halt. Zur Not müssen wir eben einen von der Hose des Jungen abmachen." Fred knuffte Blasius ungeduldig in die Seite. „Jetzt mach doch mal mit!"

Widerwillig schwebte Blasius zu dem Haufen Klamotten, der auf einem Stuhl lag, und nestelte an dem Hosenknopf herum.

Fred schwebte hinterher. „Na also. Geht doch!", raunte er zufrieden. „Der Kleine wird gleich schreiend zu seiner Mama laufen, wenn wir den Knopf rollen! Uahhh!"

„Ähm, vielleicht kann ich euch helfen?"

Blasius und Fred fuhren herum. Der Junge saß aufrecht im Bett, hatte das Licht angeknipst und blätterte in einem Buch.

Findest du den größten Knopf?

„Ach, du dickes Ei! Hast du etwa alles mitbekommen?", fragte Blasius erschrocken. Der Junge nickte. „Ich kann oft nicht einschlafen. Und dann lese ich Geistergeschichten." Er lächelte die beiden freundlich an. „Ich bin übrigens Klaus."

Welches ist dein Lieblingsbuch?

„Angenehm, Blasius mein Name", sagte Blasius und zeigte auf Fred. „Und das ist Fred. Wir sind Junggeister und machen ein Praktikum hier auf Burg Ächzberg …"

„… und euer Geisterbuch ist hin, oder?", hakte Klaus nach.

„Ja, stimmt", gab Fred zerknirscht zu.

„Was ihr echt schon supertoll könnt, ist das Zanken. Geister sollten sich laut und fies zanken können. Da habt ihr gut hinbekommen", sagte Klaus. „Der Rest war auch nur ganz knapp daneben, wirklich! Wenn ihr das nächste Mal *spukt* statt *spuckt* und euren *Kopf* statt einen *Knopf* abnehmt, wird es richtig gruselig!"

„Meinst du echt?" Blasius sah Klaus hoffnungsvoll an. „Und woher weißt du das alles?"

Klaus nahm sein Buch und hielt es in die Luft. „Schon vergessen? Ich liebe Geistergeschichten. Deswegen finde ich es richtig toll, nun einmal zwei echte Geister kennenzulernen."

Blasius und Fred wurden ein bisschen rot.

Klaus ist ein echter Geisterfan. Woran erkennst du das?

26

„Jaaa, *echt* sind wir schon …", sagte Blasius leise. „Aber noch ein wenig unerfahren, hehe."

Fred hüstelte verlegen. „Dürften wir uns dein Buch einmal ausleihen? Da steht bestimmt noch der ein oder andere Kniff drin, oder?"

Klaus nickte. „Klar. Aber ich habe eine Bitte: Nehmt ihr mich auf eurer nächsten Übungstour mit? Ihr wisst ja, ich kann nicht so gut schlafen …"

„Ehrensache. Das machen wir", sagte Blasius. Und dann sahen Fred und er sich zufrieden an und sagten gleichzeitig: „Wir sind sogar begeistert!"

Gespenster am Fenster

Bastle dir Fred und Blasius für dein Kinderzimmerfenster.

Du brauchst

Zeitungspapier
Taschentücher
Einen weißen Faden
Bunte Filzstifte

So wird's gemacht

Zerknülle ein wenig Zeitungspapier zu einer Kugel. Sie sollte nicht größer als ein Tischtennisball sein.

Breite das Taschentuch aus und lege die Kugel in die Mitte. Nimm das Taschentuch und die Kugel nun so in die Hand, dass die Kugel nicht mehr zu sehen ist. Die Kugel soll der Geisterkopf werden, deshalb binde sie mit einem Faden ab.

Das restliche Taschentuch flattert nun schön wie ein Gespenstergewand darum herum.

Jetzt noch ein Gesicht daraufmalen und Mama oder Papa bitten, es an deinem Fenster aufzuhängen!

Huhu! Grusle dich aber nicht zu sehr!

Das Igelgruppen-Foto

Julika und alle anderen Kindergartenkinder der Igelgruppe sitzen am Tisch und warten auf das Mittagessen.

„Hunger!", ruft Julika und trommelt mit den Händen auf den Tisch. „Mjam, mjam, gleich gibt es lecker Motz-Tomaten!"

Greta, die neben ihr sitzt, guckt sie verwundert an.

„Motz-Tomaten? Was ist das denn?", fragt sie.

In dem Moment kommt Kerstin, ihre Erzieherin, mit einem großen Teller voller roter und weißer Scheiben herein. Dabei hopst sie umher und singt: „Das ist ein Sahalat mit Tomaten, Mohozarella-Kähäse und Basilikum!"

Julika und Greta kichern. Kerstin ist immer so lustig!

Doch dann passiert es: Kerstin dreht sich im Kreis und stolpert dabei über eine Eisenbahnschiene, die auf dem Boden liegt. Der Teller mit den Tomaten und dem Käse segelt wie ein Ufo durch die Luft. Scheppernd kracht er in die Schüssel mit dem grünen Wackelpudding, den es als Nachspeise geben soll.

29

Wie heißt deine Kindergartengruppe?

Schau mal! Wo sind die Tomaten überall gelandet?

KLATSCH! PENG! In alle Richtungen spritzen weiße, grüne und rote Brocken.

Mit einem Mal wird es ganz ruhig im Essensraum. Julika starrt Greta an, der gerade ein Batzen Wackelpudding die Wange hinunterrutscht.

Greta starrt Julika an, auf deren Pullover eine Tomatenscheibe gelandet ist. An ihrer Stirn klebt ein Blatt Basilikum.

Gleichzeitig fangen die beiden an zu kichern. Auch die anderen Kinder müssen lachen, sie sehen alle so lustig aus.

Kerstin hat es die Sprache verschlagen. Ungläubig schaut sie von einem bekleckerten Kind zum nächsten und dann wieder auf die Tomaten-Mozzarella-Wackelpudding-Pampe auf dem Tisch.

Plötzlich klopft ein Mann mit einer großen schwarzen Tasche ans Fenster. Kerstin dreht sich um und stöhnt. „Oh nein, der Fotograf", sagt sie. „Den hab ich ganz vergessen. Heute ist ja das Gruppenfoto dran! Aber so, wie wir alle aussehen, geht das nicht."

Sie wischt sich ein wenig Salatsoße von der Nase und sagt: „Ich bitte ihn, dass er ein anderes Mal wiederkommt."

„Warte mal", sagt Julika. „Du sagst doch immer, dass wir die besten Ideen haben, oder?"

Kerstin nickt, und Julika grinst. „Also, ich hätte da nämlich eine supergute Spitzenidee, finde ich!"

„Und die wäre?", fragt Kerstin neugierig.

Julika legt den Finger an die Lippen. „Das ist eine Überraschung!", sagt sie. „Geh ruhig schon mal zu dem Fotografen in den Garten. Wir kommen in fünf Minuten nach."

Kerstin überlegt. „Okay. Aber wenn ihr Hilfe braucht, dann wisst ihr, wo ihr mich findet", sagt sie.

Lege auch mal ganz verschwörerisch den Finger an die Lippen.

Dann öffnet Kerstin das Fenster. „Einen Moment", sagt sie zum Fotografen. „Ich bin gleich bei Ihnen."

Kaum ist Kerstin weg, wollen die anderen sofort wissen, welche Idee Julika hat. Julika stellt sich auf einen Stuhl, damit alle sie sehen können.

„Wir ziehen jetzt unsere fleckigen Pullover und Hosen aus. Und dann plündern wir die Verkleidungsbox", erklärt sie.

Die anderen sind begeistert und stürmen in den Gruppenraum. Wenig später stehen vier Prinzessinnen, drei Indianer, eine Hexe und fünf Cowboys im Raum. Greta ist halb Pirat und halb Fee – eine Piratenfee eben. Alle sehen toll aus.

Die Kinder nehmen sich an der Hand und gehen in den Garten. Dort hilft Kerstin dem Fotografen gerade, den großen Sonnenschirm aufzuspannen. Als sie ihre Igelkinder sieht, klatscht sie vor Begeisterung in die Hände. „Oh ja", ruft sie. „Das wird wirklich ein ganz besonderes Gruppenfoto!"

Julika freut sich, dass Kerstin ihre Idee so prima findet, und ist sogar ein bisschen stolz.

Als das Foto fertig ist, sagt der Fotograf zum Abschied: „Bei Ihnen bin ich am liebsten. Hier ist es immer so lustig!"

Kerstin lacht. „Das kommt daher, weil ich die lustigsten Kinder habe! Cowboy-Indianer-Hexen-Feen-Piraten-Ehrenwort!"

Was an ihr ist Pirat, und was ist Fee?

„Was-wäre-wenn?"-Spiel

Hast du auch so tolle und lustige Ideen wie Julika? Na, ganz bestimmt!

So wird's gemacht

Mach doch mal das „Was-wäre-wenn?"-Spiel und denk dir zu verrückten Fragen die lustigsten Antworten aus.

Zum Beispiel:

• Was wäre, wenn alle Vögel sprechen könnten?

• Was wäre, wenn du plötzlich ein Superheld wärst?

• Was wäre, wenn es nur noch die Farben Grün und Blau gäbe?

• …

Dieses Spiel kann man auch toll mit Freunden spielen. Lacht euch gemeinsam über die quatschigsten Sachen schlapp!

Hans-Heinrich hopst

Entdeckst du alle Mäuse?

Inmitten von Kartoffeläckern und Wiesen stand ein rot gestrichener Bauernhof. Dort lebte Hans-Heinrich, ein frei laufendes Hausschwein, zusammen mit seinen Freunden: einem frei laufenden Huhn, einer frei laufenden Kuh und vielen frei laufenden Mäusen. Wobei Mäuse meistens frei herumlaufen. Zumindest auf Bauernhöfen.

Nebenan gab es einen Reiterhof. Immer wenn sich Hans-Heinrich am Morgen in seiner liebsten Matschgrube wälzte, konnte er beobachten, wie das schwarze Pferd Ferdinand über die merkwürdigsten Dinge sprang: über Traktorreifen, Holzstämme, Heuballen; ja, sogar über ein kleines Holzhaus sprang das Pferd so leichtfüßig, als hätte es Flügel.

Hans-Heinrich beobachtete Ferdinand schon *sehr* lange und *sehr* genau.

Wie gerne er das einmal ausprobieren würde … So fliegen zu können – das musste einfach himmlisch sein.

Eines Morgens hielt Hans-Heinrich es einfach nicht mehr aus.

„Beim borstigen Ringelschwanz! So schwierig sieht das eigentlich nicht aus!", sagte er, als Ferdinand gerade über einen hohen Strohballen sprang.

Hans-Heinrich spürte, wie seine Beine vor Aufregung kribbelten. Langsam begann er, hin und her zu tänzeln. Dann nahm er Anlauf, stieß sich mit seinen kleinen Schweinefüßen ab und … – genau in dem Augenblick, in dem er kerzengerade nach oben springen wollte, rutschte Hans-Heinrich aus und schlitterte durch den Matsch. *Sluuuuuusch!,* landete er mitten in einer riesigen Pfütze.

Wie peinlich. Hoffentlich hatte ihn niemand gesehen. Lieber erst mal tot stellen …

Hans-Heinrich blieb reglos liegen und lauschte. Alles war still. Die Luft schien rein.

Und dann, langsam, ganz langsam, hob er den Schweinerüssel aus der Pampe, klimperte mit den Wimpern das Pfützenwasser aus den Augen und guckte ringsherum.

Drück ihm ganz fest beide Daumen.

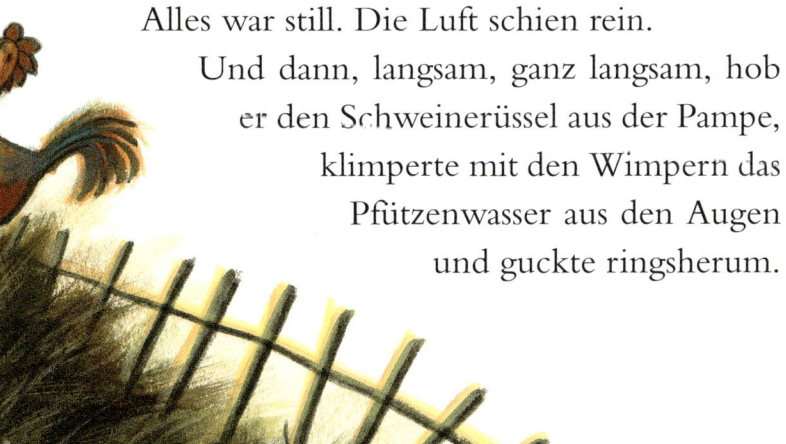

Glaubst du,
Hans-Heinrich
hat recht?

Oh nein! Ferdinand stand am Zaun und wieherte lachend. Ausgerechnet Ferdinand. Dieser Alleskönner. Dieses Superpferd. Das wahrscheinlich schon seit seiner Geburt über die höchsten Hindernisse springen konnte.

„He, Kleiner!", rief Ferdinand prompt. „Autsch noch mal! Was sollte das denn werden?"

„Ach, nix!", antwortete Hans-Heinrich. „Kümmere dich um deinen Kram!"

Mit eingezogenem Ringelschwanz schlich er zu seinem Futtertrog zurück. Diesem Angeber Ferdinand wollte er lieber nichts von seinem großen Traum erzählen.

Den ganzen Tag kühlte Hans-Heinrich die Schürfwunde an seinem Schweinerüssel und dachte nach. Wie konnte er nur lernen, zu springen und zu fliegen?

Am Abend dann fasste Hans-Heinrich einen (wie er fand) ziemlich klugen Entschluss: Er würde auf dem Reitplatz üben. Nachts. Wenn Ferdinand gemütlich im Stall stand und ihn nicht sehen konnte. Dann würde es ihm gelingen, da war er sicher.

Als alle schlafen gegangen waren und es ruhig wurde auf dem Bauernhof, schlich Hans-Heinrich los. Fast mühelos quetschte er sich unter dem Zaun hindurch und stand auf dem Reitplatz. Groß sahen die Hindernisse von hier aus. Groß und schwarz. Doch Hans-Heinrich nahm all seinen Mut zusammen. Mit den Strohballen würde er beginnen, und am Ende würde er über das Holzhaus fliegen. Jawohl!

„Jetzt komm ich", murmelte er entschlossen. „Hans-Heinrich, das fliegende Schwein!"

Quiekend raste er im Schweinsgalopp auf die Strohballen zu. Er sprang ab … flog … und flog. „Juhu", rief er. „Juhuhuhu!"

Plötzlich machte es POFF!, und Hans-Heinrich hatte das Gefühl, in der Luft stehen zu bleiben und gleichzeitig gegen eine Wand zu knallen.

„Hatschi!" Irgendwas kitzelte ihn an der Schnauze. Und irgendwas raschelte. Unter ihm und über ihm und auch neben ihm. Oje, war er etwa …?

„Ich stecke in einem Heuballen fest", schimpfte Hans-Heinrich. Er strampelte mit den Füßen, so wild es ging. Doch es war nichts zu machen. Er saß felsenfest. Wie hineingemauert.

An welcher Stelle geht das am besten?

Quieke auch einmal.

Wer könnte das sein?

Weißt du, wie das Wort richtig heißt?

„Hilfe", quiekte Hans-Heinrich. Und dann noch einmal: „Hilfe!" Kurze Zeit später hörte er 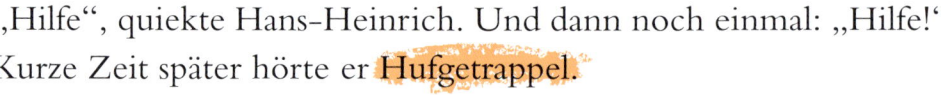 Hufgetrappel.

„Schwein gehabt, dass ich so spät noch auf bin", hörte Hans-Heinrich eine tiefe Stimme. Es war Ferdinand.

Ausgerechnet, dachte Hans-Heinrich. Am liebsten wäre er jetzt weggelaufen – aber das ging ja gerade eher schlecht.

„Da hast du dir ja was eingebrockt. Wolltest du etwa *da* drüber springen?" Ferdinand stupste den Strohballen mit der Schnauze an.

„Das schaff *ich* ja kaum … *Du* bist ein Schwein. Hast du das vergessen?"

„Nein, das hab ich nicht vergessen!", fauchte Hans-Heinrich. „Na los, du kannst JETZT anfangen, mich zu veräpfeln – zu ver-pferde-äpfeln, sozusagen!"

Hans-Heinrich funkelte Ferdinand angriffslustig an.

Doch Ferdinand lachte nur. „Warum sollte ich mich über jemanden lustig machen, den ich beneide?", fragte er.

„Wie bitte? Warum denn das?", fragte Hans-Heinrich verdutzt.

Ferdinand blickte verträumt zum Bauernhof hinüber.

„Was gäbe ich darum, mich so im Matsch wälzen zu dürfen wie du! Die Sonne zu spüren, die den Matsch trocknet, und mir dann die Kruste genüsslich abzuschubbern. Das muss herrlich sein!"

Hans-Heinrich verstand die Welt nicht mehr. Dieses große, starke Pferd beneidete ihn?

„Aber jetzt helfe ich dir erst einmal aus dem Heu heraus", sagte Ferdinand dann. „Warte mal!"

Ferdinand lief um das Hindernis herum. Auf dieser Seite ragte Hans-Heinrichs Schweinepo aus dem Heu. Sein Ringelschwanz bebte vor Aufregung.

„Das haben wir gleich. Achtung, fertig, los!" Ferdinand gab Hans-Heinrich einen kräftigen Schubs. Und plopp! – war das Schwein frei.

„Danke", sagte Hans-Heinrich erleichtert. „Hätte nicht gedacht, dass du so nett bist."

„Ich bin sogar noch viel netter", meinte Ferdinand und lachte. „Möchtest du das Hindernisspringen immer noch lernen? Ich helfe dir dabei!"

Hans-Heinrich lächelte glücklich. „Das wäre toll! Und du?", fragte er Ferdinand. „Möchtest du das Matschsuhlen immer noch lernen? Ich mache dir einen wunderbar großen Schlammplatz!"

„Super Idee!" Ferdinand nickte begeistert. Doch mit einem Mal musste er gähnen. „Aber das machen wir morgen, in Ordnung?", fragte er und gähnte wieder.

„Sehr in Ordnung", antwortete Hans-Heinrich und grunzte zufrieden. „Gute Nacht, mein Freund!"

Bitte jemanden, dir ein wenig den Rücken zu schubbern. Mm, magst du das?

Wann gähnst du?

Springpferdchen

Willst du auch ganz hoch springen können?
Dann bau dir auch ein paar Hindernisse. Aber nicht aus Heu und Holz, sondern aus Kissen!

So wird's gemacht

Sammle alle Kissen im Haus (vielleicht kriegst du sogar die großen Kopfkissen?) und staple sie zu verschieden hohen Bergen.

Dann legst du die Kissenstapel so aus, dass du gut über sie springen kannst.

Am besten lässt du zwischen den Kissenstapeln immer genug Platz, sodass du ein bisschen rennen kannst. Such dir dafür einen geeigneten Ort, z. B. einen langen Flur oder ein großes Zimmer.

Und solltest du mal an einem Hindernis scheitern – wurstegal, denn du fällst weich! Und das nächste Mal schaffst du es, bestimmt!

Das Zeichen der Seekuh

Seit einer Woche haben sie einen Neuen in der Klasse: Magnus. Zuerst hatten sich Line, Paul und Jakob darüber gefreut. Magnus konnte doch bei ihrer Bande mitmachen! Dann wären sie zu viert. Und vier, das war auf jeden Fall besser als drei. Besser fürs Ballspielen und auch besser für Mau-Mau.

Aber leider ist aus diesem Plan nichts geworden. Denn Magnus ist ein richtig fieser Angeber. Die ganze Zeit erzählt er von dem riesigen Haus, in dem er wohnt. Von den zwölf fliegenden Helikoptern und den sieben ferngesteuerten Autos, die er geschenkt bekommen hat. Er behauptet sogar, hundert Paar Turnschuhe zu haben!

Am allernervigsten ist Magnus, wenn er mit dem Schwimmen angibt. Dann holt er sofort ein blaues Mäppchen hervor, und FLAPP, FLAPP, FLAPP klappen durchsichtige Fächer mit seinen Schwimmabzeichen auf: Seepferdchen, Freischwimmer und Gold.

Und seine Bestzeiten.

Und Fotos von sich mit Pokalen in der Hand.

Weißt du, was eine Bande ist?

Zeige auf das Seepferdchen-Abzeichen.

Und Autogramme von irgendwelchen Schwimmsuperhelden.

„Wenn mir Magnus noch ein Mal erzählt, wie schnell er fünfzig Meter schwimmen kann, dann brüll ich laut los", flüstert Line ihren Freunden Paul und Jakob zu.

„Geht mir auch so", flüstert Jakob zurück.

Paul nickt zustimmend. „Und mir erst", sagt er. „Ich habe die ganze Nacht überlegt, wie wir Magnus eins auswischen können." Er sieht seine Freunde verschmitzt an. „Macht ihr mit?"

„Logo", sagen Line und Jakob.

Paul zwinkert den beiden zu und zieht sie in die Nähe von Magnus. Der Angeber soll unbedingt hören, was er Line und Jakob nun erzählt.

Kannst du auch zwinkern?

„Also", sagt Paul laut, „wir sind doch heute im Stadtbad verabredet. Ich will da unbedingt die *Seekuh* machen. Das ist ein neues Schwimmabzeichen."

Paul blickt sich verstohlen um. Magnus sieht interessiert in ihre Richtung. Sicher hat er jedes Wort mitbekommen. Wunderbar!

„Puh. Man muss ganz schön gut schwimmen können, um das Abzeichen zu bestehen. Ich hab die ganze Woche mit meinem großen Bruder geübt", fährt Paul fort. Line und Jakob machen sofort mit. „Echt? Das traust du dir zu? Die *Seekuh*?", fragt Line bewundernd. „Davon hab ich schon gehört. Das schaffen nur die besten Schwimmer."

Jakob beugt sich näher zu seinen Freunden. „Magnus hat angebissen", flüstert er und hält sich die Hand vor den Mund, um nicht laut loszuprusten. „Er wird heute sicher auch ins Hallenbad gehen, um die *Seekuh* zu machen. Hihi."

Gleich nach der Schule gehen Line und Jakob zu Paul nach Hause. Pauls großer Bruder Franz ist auch da. Aufgeregt erzählen sie ihm alles. Von Magnus, dem Angeber. Und von dem ausgedachten Schwimmabzeichen, mit dem sie Magnus reinlegen wollen. „Jetzt brauchen wir nur noch dich", sagt Paul. Er sieht seinen Bruder bittend an. „Spielst du heute den Bademeister?"

Franz lacht. „Klaro", sagt er. „Dabei helfe ich euch gerne."

Paul sammelt schnell alle Schwimmnudeln ein, die er im Haus findet. Mit Franz' Hilfe binden sie die Nudeln so zusammen, dass man von unten hineinschlüpfen kann und nur die Arme zur Seite herausstehen.

„Ich hab schon ein richtiges Seekuhgefühl. Dick und schwer und ziemlich unbeweglich", sagt Line, als sie die Schwimmnudeln anprobiert.

„Dann ist es perfekt!", sagt Paul. Er nickt zufrieden.

Als Line, Paul und Jakob die Schwimmhalle betreten, steht Magnus bereits am Beckenrand und blickt sich suchend um. Als er die drei entdeckt, winkt er ihnen zu.

„Was machst du denn hier?", fragt Jakob und tut so, als wäre er erstaunt, Magnus zu sehen.

„Ich will das neue Schwimmabzeichen machen", antwortet Magnus und macht sich ganz groß. „Ich weiß, ich weiß, da hab ich mir wirklich was vorgenommen." Er lacht ein wenig heiser. „Aber das

ist für mich ein Klacks. Habt ihr schon einmal meine Abzeichen gesehen?"

Er zieht sein Mäppchen aus der Badehose. FLAPP, FLAPP, FLAPP klappt es sich auf, und er hält es den anderen vor die Nase.

„Ja, zehn Mal oder so", stöhnt Line. Sie kann es nicht fassen. Magnus hat dieses Angeber-Dings sogar in seiner Badehose stecken!

Jakob grinst. „Und weil du so ein Superduper-Schwimmer bist, dachtest du dir, du könntest heute mal eben so die *Seekuh* bestehen?", fragt er.

„Ja, genau das!", sagt Magnus. Er deutet auf Franz, der eben mit dem Schwimmnudel-Seekuhkostüm in der einen und mit einem Klemmbrett in der anderen Hand auftaucht. „Da ist ja der Bademeister schon."

Magnus sieht Paul an. „Wenn du mich vorlässt, kannst du zusehen, wie man es richtig macht."

Line und Jakob können sich ein Grinsen nicht verkneifen.

Magnus ist so ein Angeber!

„Da hast du ganz recht", sagt Paul und geht mit Magnus zu Franz rüber. Der guckt auf sein Klemmbrett, als würde er etwas überprüfen: „Seid ihr wegen des Seekuh-Abzeichens hier?", fragt er.

Magnus und Paul nicken.

Entdeckst du Franz?

„Ich bin Erster", sagt Magnus eifrig. „Was soll ich machen?"

Franz hält Magnus das Schwimmnudel-Kostüm hin. „Zuerst musst du mir zeigen, dass du dich wie eine Seekuh im Wasser bewegen kannst. Dazu musst du bitte dies hier anziehen."

Zögerlich schlüpft Magnus in das Kostüm. „So?", fragt er und guckt ganz unglücklich.

„Genau so", sagt Franz und muss aufpassen, dass er nicht laut loslacht. Magnus sieht aus … ja, wie eine Seekuh an Land. Magnus tippelt an den Beckenrand und lässt sich hineinplumpsen. FLOPP! Er taucht kaum ins Wasser ein, wegen der vielen Schwimmnudeln. Langsam dümpelt er auf der Wasseroberfläche herum. Hin und wieder hebt Magnus die Arme über den Kopf wie eine Ballerina und versucht, mit den Beinen die Richtung zu steuern.

„Mach ich es richtig?", ruft Magnus.

„Wunderbar. Du hast wirklich Talent und schwimmst so elegant wie eine echte Seekuh", lobt Franz ihn.

Ein kleines Mädchen bleibt am Beckenrand stehen und zeigt aufgeregt auf Magnus.

Mache auch eine elegante Armbewegung.

„Warum machst du so komische Sachen?", ruft sie und dreht sich zu ihrer Mutter um. „Mama, warum macht der Junge das?"

Magnus wird rot. „Ich mache ein Schwimmabzeichen", antwortet er. „Ein besonders schwieriges. Die *Seekuh*."

„Von diesem Schwimmabzeichen habe ich noch nie gehört", sagt die Mutter des Mädchens. „Und eigentlich müsste ich es wissen. Ich bin hier schließlich die Bademeisterin."

Was macht eine Bademeisterin?

Magnus starrt sie an. „Sie sind die Bademeisterin? Und es gibt gar kein solches Abzeichen?", fragt er.

Die Frau schmunzelt. „Nein, ganz sicher nicht. Ich glaube, da hat dich jemand reingelegt", meint sie.

„Ja, und zwar wir!", rufen Line, Jakob und Paul. Sie springen zu Magnus ins Becken und helfen ihm aus den Schwimmnudeln heraus. Mit hochrotem Kopf schwimmt Magnus zum Beckenrand.

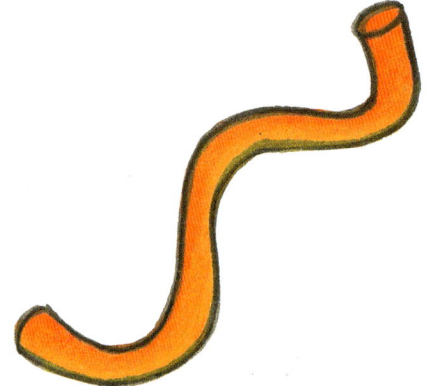

„Warum seid ihr so gemein? Ich habe euch doch nichts getan!",
sagt er mit Tränen in den Augen.

Plötzlich tut er Line leid. Der ist ja richtig wütend … und traurig.

„Weil du immer so angibst mit deinem Schwimmkram", sagt Jakob. „Und mit deinen ganzen anderen Sachen, die du bekommst.
Wir dachten ja, du wärst nett und könntest bei unserer Bande mitmachen. Aber Pustekuchen. Du hast immer nur von dir geredet."

Magnus wird plötzlich ganz still. „Ihr hättet mich bei eurer Bande
mitmachen lassen? Einfach so? Und ich dachte, ich muss ganz toll
sein, damit ihr mich mögt …"

„Nee, nicht ganz toll. Nur ganz nett!", sagt Line. Sie lächelt Magnus an.

„Ich glaube, eigentlich bin ich ganz nett … Wollen wir das mit der
Bande mal probieren?", fragt Magnus.

„Logisch", sagt Paul. „Und ich weiß auch schon einen Namen:
die Seekühe!"

Warum hat Magnus so an-
gegeben?

Seekuh-Entspannung

Bist du gerne im Schwimmbad? Dann ist diese Übung genau das richtige für dich.

So wird's gemacht

Bitte einen Erwachsenen, dich über Wasser zu halten (eine Hand unter dem Kopf und eine Hand unter dem Po oder Rücken), während du dich auf das Wasser legst. Dann lässt du dich ganz sanft treiben und lässt alle Muskeln locker – herrlich!

Und wenn du ganz entspannt bist, machst du leise „Muh, Muh, Muh" – eben wie eine echte Seekuh! Oder wie war das noch gleich …?

Muh............Muhh............Muhh

Muhhh............Muhh............

Muh............

Muh

Muh

Frieda und der Drache

Frieda Müller wurde jeden Tag von ihrer Oma vom Kindergarten abgeholt. Und das war für beide ein großes Glück. Oma Müller liebte es, mit Frieda zu spielen, und Frieda liebte es, mit Oma Müller zu spielen. Ein fast genauso großes Glück war es, dass Oma Müller im städtischen Märchenwald arbeitete. Immer montags und dienstags. An diesen Nachmittagen durfte Frieda durch den Park gehen und sich immer und immer wieder die Märchenfiguren ansehen.

Nur zum Hexenknusperhaus ging Frieda nie. Sie mochte es nicht, wie die böse Hexe den Jungen Hänsel mit ihren roten Augen anfunkelte.

Auch an diesem Dienstag machte Frieda einen großen Bogen um das Haus. Sie wollte sich lieber noch einmal Dornröschen ansehen.

Der Weg dorthin duftete ganz wunderbar, denn an den Seiten waren Rosenbüsche gepflanzt. Frieda hatte die vielen kleinen rosafarbenen Rosenblüten gern, die wie Sterne in dem Gestrüpp leuchteten und die spitzen Dornen irgendwie noch spitzer aussehen ließen.

Kennst du noch andere Wochentage?

Wie viele sind es? Zähle!

Ob der Prinz wohl viele blutige Schrammen im Gesicht hatte, nachdem er sich durch die Dornenhecke gekämpft hatte?, überlegte Frieda. Hoffentlich war er die Pflaster bis zu seiner Hochzeit mit Dornröschen wieder losgeworden!

Plötzlich hörte Frieda eine leise Stimme.

„Erlöse mich. Bitte erlöse mich!"

Hups, wo war das hergekommen? Frieda blickte sich suchend um. Doch sie konnte niemanden entdecken.

Moment … am Ende des Weges stand ein großer Baum. Den hatte Frieda noch nie gesehen … Ob die Stimme von da gekommen war?

Vorsichtig schlich Frieda näher. Sie linste um den Stamm herum. Dahinter sah sie eine Märchenhöhle. Komisch. Auch die hatte sie noch nie bemerkt. Neugierig guckte Frieda hinein.

In der Höhle saß ein kleiner Drache! Seine Schuppen schimmerten in allen Farben des Regenbogens, und seine Flügel glänzten smaragdgrün. Frieda war ganz verzaubert.

Da sah sie, dass der Fuß des Drachens in einem Eisenring steckte. Und dieser Eisenring war mit einer Kette am Fels festgemacht.

Als der Drache Frieda bemerkte, lächelte er:
„Ein Glück, dass du da bist! Ich sitze hier schon seit drei Wochen fest, und niemand hört mich. Ich bin ein verzauberter Prinz. Kannst du mich erlösen?"
Hoffnungsvoll sah er Frieda an und

Weißt du, wie die Farben in einem Regenbogen heißen?

stieß eine kleine Rauchwolke aus, die sich in der Luft nach oben
kringelte. Frieda tat der Drache leid.

„Wie mache ich das? Dich erlösen?", fragte sie.

Der Drache war ganz verlegen. „Na, das Übliche", antwortete er.
„Du musst mich küssen!"

„Oha!", sagte Frieda erstaunt. „Ich dachte, das klappt nur bei Frö-
schen …"

Der Drache zuckte mit den Schultern. „Als mich die böse Hexe
verwandelt hat, waren gerade Drachen in Mode", antwortete er.
„Ich bin echt froh, dass sie mich nicht ein Jahr früher erwischt hat.
Da fand sie Spinnen toll …"

Fahre die Rauch-
kringel mit dei-
nem Finger nach!

Findest du eine
Spinne in der
Märchenhöhle?

„Ihhh! Da küss ich schon lieber einen Drachen", sagte Frieda. Sie kniete sich neben ihn und schürzte die Lippen. Als sie gerade los-küssen wollte, fiel dem Drachen etwas ein.

„Warte, ich kühle erst noch meine Schnauze. Sonst kriegst du eine Brandblase von meinem Feueratem", sagte er.

Der Drache watschelte zu einem kleinen Eimer. Dort tauchte er nicht nur seine Schnauze, sondern seinen ganzen Kopf unter. „Sicher ist sicher", murmelte er dann. „Und jetzt schnell, sonst werde ich wieder zu heiß."

Frieda kicherte. Dann drückte sie dem dampfenden Drachen einen dicken Kuss auf die Schnauze. Es war gar nicht unangenehm. Im Gegenteil. Es schmeckte nach Oma Müllers Lieblingsessen: Räucherfisch. Als Frieda fertig geküsst hatte, passierte erst mal gar nichts. Der kleine Drache seufzte. Dann endlich machte es WUTSCH!, und neben Frieda saß ein Königssohn in altmo-dischen Kleidern und ohne Kette am Fuß.

Wieder musste Frieda kichern. Und dieses Mal kicherte der Prinz mit.

„Ich kann dich jetzt aber nicht heiraten", sagte Frieda. „Ich meine, du bist ja ganz nett, aber ich bin erst vier …"

Was ist denn so altmodisch an der Kleidung des Prinzen?

„Schon gut", sagte der Prinz, stand auf und klopfte sich den Schmutz von der Hose. „Ich dachte, ich probiere es mal bei Dornröschen."

„Gute Idee", sagte Frieda. „Zu Dornröschen geht es da lang!" Sie zeigte auf den kleinen Weg mit Rosenbüschen. „Und falls du nachher ein Pflaster brauchst, ich bin bei meiner Oma am Eingang."

„Was meinst du damit?", fragte der Prinz.

Frieda lächelte. „Ach, wirst schon sehen", sagte sie geheimnisvoll und lief zu ihrer Oma ins Kassenhäuschen, wo es heißen Kakao und auch einen Verbandskasten gab.

 Märchen-Nachmittag

Wenn du Prinzessin werden willst:

So wird's gemacht

Nimm eine Tischdecke und einen Gürtel von Mama (am besten mit ein wenig Glitzer) und lass dir von einem Erwachsenen ein Prinzessinnenkleid binden. Oder hast du ein Prinzessinnenkleid in deiner Verkleidungskiste? Das geht natürlich auch!

Wenn du Prinz werden willst:

So wird's gemacht

Mops dir von Mama eine blickdichte Strumpfhose und zieh sie an. Über ein enges, langärmliges T-Shirt legst du dir ein Stück Stoff (wenn möglich aus Samt) um die Schultern und machst es mit einem Gürtel oder einer Schnur auf Höhe der Hüften fest.

Du hast keinen Reichsapfel und kein Zepter? Die brauchst du natürlich, ist doch klar.

So wird's gemacht

Schau mal in der Küchenschublade. Bestimmt findest du da einen Schneebesen. Schneebesen? Nein, das ist ja ein wunderschönes Zepter!
Und der Reichsapfel? Forme ein Stück Alufolie zu einem Ball. Dann nimmst du das Zepter in die eine Hand und den Reichsapfel in die andere und setzt dich auf den schönsten Platz im Wohnzimmer – das ist nämlich dein neuer Thron.
Nun kann der hoheitliche Nachmittag beginnen!

Das große Leuchten

„Ich bin ja so aufgeregt", sagte Ratte Dschango. Seine langen Schnurrbarthaare zitterten.

Heute ging es um die Wurst. Und zwar um einen ganzen Ring Wurst. Den durfte die Fußball-Siegermannschaft nämlich mit nach Hause nehmen und ganz alleine verputzen.

Seit einer Stunde saßen Dschango und sein Freund Basti nun schon im großen Stadion von Rattingen und warteten ungeduldig darauf, dass es losging. Das hieß: Eigentlich wartete nur Dschango darauf. Basti machte sich nicht viel aus Fußball. Er las lieber. Vor allem nachts. Dann ging er in den Wald, setzte sich auf eine Wurzel und packte im gemütlichen Schein der Glühwürmchen ein Buch aus.

Endlich richteten sich die Flutlichter auf das Spielfeld und tauchten es in ein helles Licht. Die Spieler liefen ein und begannen, sich warm zu kicken. Die Zuschauer klatschten und jubelten.

Basti sah seinen Freund ein wenig hilflos an. „Welche Farbe trägt noch mal unsere Mannschaft?", fragte er.

Entdeckst du die Siegerwurst?

Was machst du am allerliebsten?

Ein Spieler hat ein falsches Trikot an. Welcher?

Dschango verdrehte die Augen. „Oh, du heilige Kralle … Basti! Wie kann man nur so wenig über Fußball wissen?" Er beugte sich vor und flüsterte: „Rot sind wir – Rattingen. Und blau, das sind unsere Gegner – Schnauzfelden. Capito?"

Basti nickte. „Ich versuch es mir zu merken", antwortete er leise.

Dschango beobachtete die Spieler auf dem Feld. „Schau, der da drüben, das ist Krallotelli", sagte er und deutete auf eine muskulöse Ratte, die sich siegessicher auf die Brust trommelte.

„Dieser Krallotelli ist ein richtiger Angeber, oder?", fragte Basti.

Dschango zuckte mit den Schultern. „Dafür hat er im letzten Spiel fünf Tore geschossen. Und das ist es, was zählt!"

Plötzlich pfiff eine dicke Ratte kräftig in eine Trillerpfeife. Basti erstarrte und krallte sich in Dschangos Arm.

„Was ist passiert?", fragte er.

Dschango strich über Bastis Pfote, bis der seinen Griff lockerte. „Keine Sorge, das war nur der Anpfiff. Jetzt beginnt das Spiel", sagte er beruhigend.

Basti beobachtete, wie der Ball zwischen den Spielern hin und her geschossen wurde. Einige Minuten passierte nichts anderes. Nur ein Ball und viele Ratten, die ihn haben wollten. Und vor allem Krallotelli, der immer wieder aufs Tor schoss, aber kein einziges Mal traf.

Basti sah zu Dschango, der die Pfoten zu Fäusten ballte und immer sofort aufsprang, sobald Rattingen den Ball eroberte. Unfassbar, dass Dschango das spannend fand …

Basti starrte wieder auf das Spielfeld. In Gedanken aber war er längst im Wald und las.

Plötzlich machte es PENG!, und zwei Flutlichter gingen aus. Dann zischte und rauchte es, und auch die anderen beiden Lichter erloschen. Es war stockdunkel. Niemand sah auch nur die Pfote vor Augen. Die Zuschauer wurden unruhig und riefen durcheinander. Ein Rattenkind fing laut an zu weinen. Es war ein heilloses Durcheinander.

„Bitte bleiben Sie sitzen und verhalten Sie sich ruhig", sagte eine Stimme durchs Mikrofon. „Wir kümmern uns um den Lichtausfall. Ich bin sicher, wir können das Spiel gleich fortsetzen!"

Wie nennt man den Spieler, der im Tor steht?

Klatsche zwei Mal laut in die Hände. PENG! PENG!

Kennst du das Wort eigentlich ein wenig anders?

Die Menge wurde mucksrättchenstill.

„So ein Mist", sagte Dschango wütend. „Es dauert bestimmt ewig, das zu reparieren. Und ohne Licht kein Spiel."

Basti überlegte. Die Spieler brauchten also Licht? Vielleicht konnten die Glühwürmchen …?

„Ich bin gleich wieder da!", sagte er. Dann huschte er zwischen den sitzenden Ratten hindurch zum Ausgang.

Ein paar Minuten später war er schon am Waldrand angelangt. Suchend sah er sich um. Auch hier war alles dunkel – wie im Fußballstadion. Kein Glühwürmchen ließ sich blicken.

Vielleicht waren die Glühwürmchen sonst durch das Geräusch angelockt worden, das er beim Seitenumblättern gemacht hatte? Bloß … er hatte gerade kein Buch dabei.

In diesem Augenblick kam Basti eine Idee. Er setzte sich auf seine liebste Baumwurzel und raschelte mit den trockenen Blättern, die auf dem Boden lagen. Das klang fast genau so, als würde er die Seiten in seinem Buch umblättern.

Und tatsächlich: Von überall her schwebten kleine Lichtpunkte herbei. Da waren sie. Seine Glühwürmchen! Immer mehr und mehr flogen näher, und die kleine Lichtung erstrahlte in ihrem Licht.

Es klappt, dachte Basti glücklich.

Während Basti zurück zum Stadion lief, raschelte er weiter mit den Blättern. Alle Glühwürmchen flogen hinter ihm her. Am liebsten hätte Basti eine Sonnenbrille aufgesetzt, so hell war es um ihn herum.

Als er ins Stadion hineinlief, hörte er den Stadionsprecher rufen: „Liebe Ratten und Rättinnen, Sie werden nicht glauben, was hier gerade geschieht. Ich sehe Licht. Jawohl! Es kommt direkt auf uns zu. Hierher, bitte. Es ist ein Wunder. Ich kann Krallotelli bereits wieder sehen, der sich schon die Krallen dehnt. Das Spiel kann weitergehen. Hurra!"

Unter lautem Jubel lief Basti auf das Spielfeld. Die Glühwürmchen schwebten weit über ihm und erhellten das ganze Stadion.

Entdeckst du die Glühwürmchen?

Das Trillern der schrecklichen Schiedsrichterpfeife erklang, und die Spieler legten los. Sie spielten ganz einfach um Basti herum! Dem kleinen Rattenmann verging Hören und Sehen, als Krallotelli an ihm vorbeiwetzte. Aber langweilig war ihm nun nicht mehr …

Welche Mannschaft hat gewonnen?

Später, als das Spiel schon lange zu Ende war, saß Basti mit Dschango in seiner Wohnung und betrachtete zufrieden das große Stück Siegerwurst, das er zum Dank von der Rattinger Fußballmannschaft bekommen hatte.

Er schnitt zwei dicke Scheiben ab und reichte eine davon seinem Freund.

„Auf den Sieg von Rattingen", sagte er schmatzend. „Vielleicht ist Fußball doch nicht so blöd …"

„Ja, auf Rattingen!", rief Dschango. „Ich muss zugeben, du hast das Spiel gerettet. Auch wenn ich immer noch nicht so ganz verstehen kann, was du da nachts im Wald machst. So ganz ohne Ball …"

Dann grinsten die Freunde einander an und aßen die Wurst ratzeputz auf. So, wie es sich für echte Ratten gehört.

Glühwürmchen-Nachtwanderung

Glühwürmchen gibt es wirklich. Nur dass es eigentlich keine Würmer sind, sondern kleine Käfer. Wenn du in trockenen Sommernächten eine Wanderung in der Natur machst, hast du gute Chancen, sie zu entdecken.

Und im Winter? Da fliegen sie zwar nicht, aber vielleicht magst du selbst einmal leuchten wie ein Glühwürmchen?

Du brauchst

Weiße Knicklichter
Butterbrotpapier

So wird's gemacht

Bitte deine Mama oder deinen Papa, dir weiße Knicklichter zu kaufen. Wenn man sie knickt, leuchten sie ein paar Stunden. Nimm ein Stück Butterbrotpapier oder Transparentpapier und wickle es (einlagig!) um das Knicklicht.
Binde das Papier oben mit einem Stück Schnur zu. Nun hast du eine prima Glühwürmchenleuchte!
Befestige sie ebenfalls mit einer Schnur an deinem Po, und wenn du ein Tänzchen wagst, schwebst du wunderschön leuchtend durch die Welt – wie ein großes Glühwürmchen.

Die Wunsch-Knallerei

Ich heiße Molli, und ich möchte dir heute erzählen, was bei uns passiert ist. Das war vielleicht was! So eine verrückte Wunsch-Knallerei hast du bestimmt noch nie gesehen! Aber ich muss von Anfang an erzählen, sonst verstehst du ja nichts …

Im Sommer machen wir jedes Jahr Urlaub am Meer. Wir, das sind außer mir noch meine jüngeren Brüder Ole und Julius. Und natürlich Mama und Papa.

An dem Tag, an dem es am allerlängsten hell ist, schüren wir immer ein großes Lagerfeuer am Strand. Mama hat Stockbrotteig dabei, den wir an langen Ästen über dem Feuer brutzeln lassen, bis man das frisch gebackene Brot essen kann. Lecker!

Diesmal aber war alles ein bisschen anders.

Papa machte ein geheimnisvolles Gesicht.
„Ich habe mir etwas ausgedacht", sagte er und gab jedem von uns einen Stift und einen Zettel. „Schreibt euren dicksten Herzenswunsch auf. Ole und Julius, ihr könnt ihn ja aufmalen!"

Warst du schon mal am Meer?

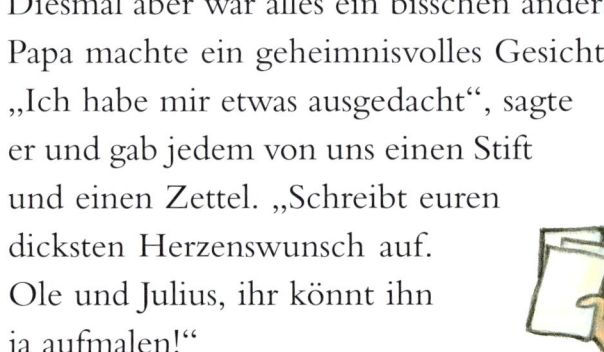

62

Ole und Julius waren begeistert und schrien: „Sofort geht's los, sonst biste ein Kartoffelkloß!" Ich verdrehte die Augen. Die beiden nerven mich manchmal mit ihren Sprüchen.

Dann überlegte ich ein wenig an meinem Wunsch herum, aber mir wollte einfach nichts einfallen. Ole und Julius plapperten die ganze Zeit und malten und malten. Also beschloss ich, ein bisschen am Strand entlangzulaufen.

Ich war noch gar nicht lange unterwegs, als ich einen Fisch entdeckte. Er lag in einer Pfütze und schnappte ganz unglücklich nach Wasser.

Obwohl ich mich ein bisschen vor der glitschigen, kalten Haut ekelte, nahm ich den Fisch und trug ihn zum Meer zurück. So weit ich konnte, warf ich ihn den Wellen entgegen.

Puh, der Fisch hatte echt Glück gehabt. Mir wurde richtig flau im Magen. Weil, was wäre passiert, wenn ich den Fisch erst ein bisschen später gesehen hätte?

Plötzlich wusste ich, was mein größter Herzenswunsch war. Ich holte Papier und Stift aus der Hosentasche. Dann schrieb ich: *Keiner auf der Welt soll mehr Angst haben müssen (auch kein Fisch)!*
Vorsichtshalber unterstrich ich den Satz drei Mal. Ich lief schnell zu unserem Platz zurück, an dem das Feuer schon brannte.

Weißt du, wie Fische atmen?

Welches Muster hat die Decke?

Hattest du auch schon mal Sand im Auge?

„Dann kann es ja losgehen", meinte Papa, als ich neben Julius und Ole auf der Decke saß. Wir warteten gespannt!

Über dem Feuer hing ein großer Topf. Mama goss ein wenig Öl hinein.

Papa schaute uns an und sagte: „Nehmt jetzt euren Wunschzettel."

„Und dann zünden wir alle an!", rief Ole und versuchte, an Julius' Wunschzettel zu kommen. Er drückte seinen Bruder in den Sand, und Julius fing an zu weinen.

Papa seufzte. „Ruhig, Jungs, ihr dürft gleich zündeln", sagte er und pulte dem heulenden Julius ein Sandkorn aus dem Auge.

Als sich Julius etwas beruhigt hatte, streute Mama lustige eckige Körner in den Topf. Vielleicht würde es nachher noch Suppe geben?

„Jetzt kommen eure Zettel ins Feuer! Wisst ihr, wenn sie verbrennen, dann gehen die Wünsche in Erfüllung", erklärte Mama.

Julius rieb sich die Augen. „Ich kann aber nichts sehen!", schluchzte er.

„Molli hilft dir bestimmt dabei", sagte Mama und nahm Julius tröstend in den Arm.

Hab ich schon erwähnt, dass meine Brüder manchmal anstrengend sind? Ich nahm Julius' Papier und schmiss es ins Feuer. Mama, Papa und Ole warfen ihre Wünsche auch hinein. Die Zettel brannten lichterloh. Es sah aus, als würden sie tanzen, und der Rauch stieg hell nach oben.

Erst dann legte ich mein Papier vorsichtig in die Flammen. Mein Wunsch glühte orange auf und schwelte vor sich hin. Ich glaube, das war ein gutes Zeichen. Zumindest hatte ich ein warmes Gefühl im Bauch, das nicht vom Feuer kam.

Plötzlich knallte und puffte es. Julius klammerte sich an Mama: „Die Piraten greifen an. In Deckung!", rief er.

Ole zuckte zusammen. Es knallte wieder, und etwas Kleines, Weißes sauste durch die Luft.

„Aua, ich bin verwundet!", schimpfte er und hielt sich die Stirn.

Und da sah ich, was die kleinen Kügelchen waren.

„Cool, Popcorn!", rief ich und versuchte, die Kügelchen mit dem Mund aufzufangen.

Siehst du Julius?

Springe wie
ein Popcorn
auf und ab.

PLOPPPENGPUFFPLOPP! Der Topf war mittlerweile randvoll mit Popcorn, und auch Ole und Julius hatten kapiert, dass die Piratenmunition ziemlich lecker war. Blitzschnell sprangen sie jedem verirrten Popcorn hinterher.

Wir aßen und redeten so lange, bis kein bisschen Feuer mehr zu sehen und kein einziges Popcorn mehr übrig war. Und wir waren uns ganz sicher, dass alle unsere Wünsche mit viel Knallerei in Erfüllung gehen würden.

Wunsch-Popcorn

Bei diesem speziellen Wunsch-Popcorn kannst du deinen Wunsch einfach losschicken, wenn du das erste Popcorn knallen hörst. Und beim letzten Knall? Da schickst du noch einen kleineren Wunsch hinterher! Aber denk dran: Das Popcorn immer zusammen mit einem Erwachsenen machen!

Du brauchst

Popcornmais
Einen großen Topf mit Glasdeckel
Pflanzenöl

So wird's gemacht

Bitte einen Erwachsenen, Popcornmais zu kaufen.
Dann gebt ihr Pflanzenöl in einen großen Topf mit Glasdeckel, bis der Boden des Topfes gut bedeckt ist.
Bevor das Öl zu heiß wird, schüttet ihr das Popcorn hinein. Der Boden sollte nicht völlig vom Popcorn bedeckt sein.
Deckel drauf, warten und loswünschen!
Bestreut das warme Popcorn mit Zucker und Zimt, und dann dürft ihr es aufessen!

Wo ist Toms Geburtstag?

Tom öffnet die Augen und sitzt sofort hellwach in seinem Bett. Heute ist sein sechster Geburtstag. Ganz oft hat er sich vorgestellt, wie Mama, Papa und sein großer Bruder Henri bei ihm im Zimmer stehen und singen. Mit einer dreistöckigen Spiderman-Schoko-Torte! Und am Kleiderschrank lehnt der coole goldene Rennroller, den er sich schon so lange wünscht!

Aber es passiert nichts. Tom hört kein Mama-Geklapper, kein Papa-Gepolter, nichts … Merkwürdig. Nicht mal Kater Meierhof lässt sich blicken.

Vielleicht muss er sich nur ein wenig gedulden. Tom wackelt an seinem lockeren Schneidezahn herum und popelt einen schwarzen Fussel zwischen dem linken großen Zeh und dem Zeigezeh hervor. Er schnipst den Fussel auf den Boden. Doch der landet nicht auf dem Teppich, sondern auf einem roten Blatt Papier.

Tom guckt genauer hin. Quer über dem Blatt sind Reifenspuren zu sehen. Unten rechts leuchtet ein grüner Pfeil, der direkt auf Henris Zimmertür zeigt. Was das wohl zu bedeuten hat?

Wo versteckt sich Kater Meierhof?

Leise schleicht Tom rüber und öffnet
Henris Tür. Das hat Henri bei fürchterlichster
Kitzelstrafe verboten. Aber Tom ist das gerade egal.
Auf Henris Teppich liegt *noch* ein rotes Papier. Diesmal
zeigen die Reifenspuren und der Pfeil auf Henris Musikanlage.
Tom drückt den Startknopf und hört Mamas Stimme:
„Guten Morgen, Inspektor Tom!
Leider mussten wir heute schon ganz früh los. Wenn du Frühstück haben
willst, geh doch bitte zu Nachbar Liebling. Der macht dir ein Schinken-
brot. Es grüßen und küssen, Mama, Papa und Henri."
Tom muss schlucken. Mama und Papa haben seinen Geburtstag
vergessen. Und statt Spiderman-Torte gibt es nun Schinkenbrot
bei Nachbar Liebling …
Tom mag Herrn Liebling gerne, aber einen goldenen Rennroller
hat der sicher auch nicht in der Küche stehen.
Obwohl … Tom überlegt. Herr Liebling war doch früher mal Detektiv. Vielleicht kann er herauszufinden, wo, verflixt noch mal,
eigentlich sein Geburtstag abgeblieben ist.
Immer noch in Schlafanzug und Hausschuhen, geht Tom über die
Straße und klingelt.
Herr Liebling öffnet sofort die Tür. „Hallo, Inspektor Tom. Hast
du Hunger, oder machen wir gleich das Rückspiel?"
Er deutet auf das riesige Kickerspiel, das mitten im Wohnzimmer
steht. „Ich finde, ich müsste dringend mal gegen dich gewinnen",
sagt er. „Sonst werde ich noch trübsinnig!"
Herr Liebling lacht und beginnt, die Stangen der blauen Mannschaft zu ölen.

Weißt du, was ein
Detektiv macht?

69

Tom dreht lustlos an den Stangen der roten Mannschaft. „Nö, erst mal was zu futtern, bitte! Ich hab Riesenhunger", murmelt er.

Dass er lieber ein Stück Schokotorte verdrückt hätte, sagt Tom aber nicht.

Herr Liebling nickt. „In Ordnung. Magst du Schinken oder Schinken? Oh, warte mal, im Kühlschrank hab ich auch noch … Schinken!"

Nachbar Liebling schaut Tom mit einem strahlenden Lächeln an. Tom findet den Witz heute noch weniger lustig als sonst.

Lächle jemanden strahlend an.

„Ich nehme Schinken", sagt er und seufzt. Gerade als er sich auf den Esszimmerstuhl setzen will, sieht er, dass dort wieder so ein roter Zettel liegt. Es ist doch wirklich verrückt! Hört das denn heute gar nicht mehr auf?

„Herr Liebling, du musst mir helfen … Überall liegen diese komischen Zettel herum. Aber was soll das? Und warum haben alle vergessen, dass ich heute Geburtstag habe …?", fragt Tom.

Herr Liebling schmunzelt. „Was sagst du? Du hast heute Geburtstag? Na, dann gratuliere ich dir ganz herzlich. Alles Liebe, Inspektor Tom! Und was den Zettel betrifft: Da hab ich keine Ahnung, ehrlich. Den muss deine Mutter heute Morgen fallen gelassen haben, als sie mir gesagt hat, dass du zum Frühstück rüberkommst."

Herr Liebling geht zum Bücherregal und holt eine kleine quadratische Pappschachtel. „Das hätte ich beinahe vergessen! Das soll ich dir von ihr geben", sagt er.

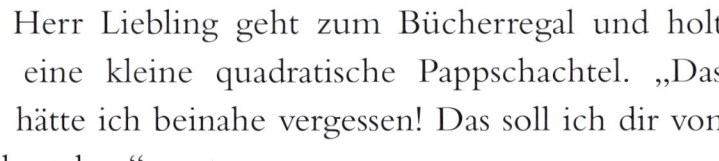

Tom nimmt die Schachtel und betrachtet sie. Also doch! Ein Geburtstagsgeschenk! Allerdings – ein goldener Rennroller kann das nicht sein. Dafür ist die Schachtel zu klein.

Als Tom den Deckel öffnet, sieht er etwas Silbernes darin liegen. Neugierig nimmt er es in die Hand – es ist eine Fahrradklingel! Gleichzeitig flattert wieder ein roter Zettel zu Boden. Tom faltet ihn auseinander, aber diesmal fehlt die Reifenspur. Stattdessen klebt ein Foto in der Mitte: Mama, Papa und Henri sind darauf zu sehen. Sie stehen in einem Glaskasten und winken … Für Tom wird dieser Tag immer rätselhafter. Kann es sein, dass Mama, Henri und Papa entführt wurden? Hält man sie in einem Glaskasten gefangen? Und was hat die Fahrradklingel damit zu tun? Soll Tom etwa Alarm klingeln?

In diesem Moment stellt Herr Liebling einen großen gestreiften Koffer auf den Tisch und sagt: „Ich schätze, jetzt brauchen wir den hier. In diesem Koffer steckt alles, was ein Detektiv sich nur wünschen kann."

Herr Liebling wühlt in dem Koffer. Stolz legt er eine Sache nach der anderen auf den Tisch. Tom ist ganz gespannt.

„Fingerabdruckpulver, rostige Nägel, Schnurrbärte, Ketchup-Blut, eine Stoppuhr, schmutzige Socken zur Fliegenabwehr und … ach, da ist sie ja! Meine über alles geliebte Lupe Lulu! Dieses geheimnisvolle Bild, mein lieber Tom, ist ein Fall für Lulu."

Tom legt das Foto auf den Tisch und schaut

Hast du eine Idee?

durch die schwere Lupe. Auf der Scheibe des Glaskastens erkennt Tom Werbung für eine Fahrradklingel. *Seine* Fahrradklingel! Die, die in der Schachtel war. Und plötzlich weiß Tom, wo Mama, Papa und Henri stecken! Das ist das Schaufenster vom *Radhaus Kalupke*! Vor diesem Schaufenster hat Tom schon ganz oft gestanden. Denn das *Radhaus Kalupke* verkauft goldene Rennroller – genau so einen, wie Tom ihn sich wünscht!

„Herr Liebling, ich hab die Lösung! Ich muss sofort zu Kalupkes! Gehst du mit?", fragt Tom aufgeregt.

„Na, klar. Sehr gute Detektivarbeit, Tom", antwortet Herr Liebling. „Ich muss mir nur schnell meine Schuhe anziehen."

Zwei Minuten später sind die beiden auf dem Weg. Die Straße runter, einmal links, einmal rechts, und schon sehen sie das Radhaus Kalupke.

Tom rennt los. Mama, Papa und Henri stehen am Schaufenster und winken – wie auf dem Foto. Zwischen ihnen entdeckt Tom eine riesige dreistöckige Spiderman-Torte. Und – Tom traut seinen Augen kaum – einen goldenen Rennroller mit roter Schleife um den Lenker. Sein Herz macht einen kleinen Hüpfer vor Freude.

Tom reißt die Ladentür auf.

„Überraschung. Alles Gute zu deinem Geburtstag", rufen Mama, Papa, Henri und Herr und Frau Kalupke.

Tom ist glücklich. Mit Sonne im Bauch glücklich. Alle haben an seinen Geburtstag gedacht! Der goldene Rennroller steht da! Und die Torte sieht superlecker aus.

Wie fühlt es sich an, wenn du glücklich bist?

„Wie hat dir eigentlich das Geschenk von Herrn Liebling gefallen, Tom?", fragt Mama, als alle ein Stück Torte auf dem Teller haben. Dabei zwinkert sie Herrn Liebling zu. Tom weiß gar nicht, was Mama meint. Welches Geschenk? Ratlos sieht er seine Mutter an. „Na, dein erster Fall als Detektiv, Inspektor Tom", sagt sie und streicht Tom über die Haare.

Tom überlegt. Detektiv? Fall? Konnte es möglich sein, dass …?

„Hast du etwa meinen Geburtstag versteckt, Herr Liebling?", fragt Tom. „Warst du das mit den Zetteln und den Hinweisen?"

Herr Liebling lächelt. „Mhhm, ja, das war mein erster Fall für dich. Und du hast ihn prima gelöst. Wenn du magst, können wir in Zukunft noch öfter gemeinsam spannende Fälle lösen!"

Tom merkt, wie seine Wangen vor Freude ganz rot werden. Sagen kann er gerade nichts mehr. Aber ganz kräftig nicken, das kann er schon noch.

Wer isst etwas anderes?

Riechtraining für angehende Detektive

Weißt du, dass man Detektive auch Schnüffler nennt? Denn sie riechen es förmlich, wenn irgendwo ein Verbrechen passiert ist!

Du brauchst

Gläser mit Schraubverschluss
Viele, leckere Kleinigkeiten zum
Knabbern, Lutschen und Naschen

So wird's gemacht

Sammle ein paar kleine Gläser mit Schraubverschluss. Bitte einen Erwachsenen oder einen Freund, dir etwas stark Riechendes hineinzulegen. Das kann zum Beispiel ein Zweig Minze, eine Zitrone, ein Stück Schokolade oder eine Banane sein.

Dann bindest du dir ein Tuch um die Augen (nicht schummeln!), öffnest die Gläser und versuchst zu *erriechen*, was darin ist.

Wenn du recht hattest und die Sache lecker ist, darfst du sie auch aufessen.

Bald bist du der beste Schnüffler in der ganzen Gegend, wetten?

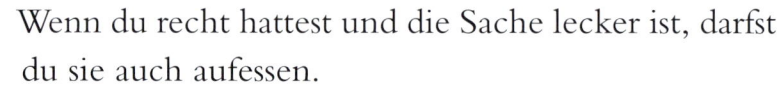

10 Tipps zum Vorlesen

1 **Es sich gemütlich machen.** Schaffen Sie für sich und Ihren kleinen Zuhörer eine entspannte Situation. Bauen Sie zum Beispiel eine eigene Kuschelecke mit Decken, Kuscheltieren und ganz vielen Kissen.

2 **Vorlesen als Ritual.** Rituale vermitteln Kindern Sicherheit, Struktur und Geborgenheit. Machen Sie das Vorlesen zu einem Wohlfühlritual – die Tageszeit ist dabei ganz egal. Wichtig ist aber, dass das Ritual ernst genommen und eingehalten wird.

3 **Noch eine Geschichte!** Lassen Sie ruhig mal Ihr Kind eine Geschichte aussuchen. Die kleinen Bilder im Inhaltsverzeichnis helfen ihm dabei.

4 **Noch mal!** Auch wenn Abwechslung wichtig ist: Kinder lieben Wiederholungen. Sie hören ihre Lieblingsgeschichte gerne ein drittes, viertes oder fünftes Mal.

5 **Haben Sie Spaß beim Vorlesen.** Und Mut zur Schauspielerei. Lassen Sie den grimmigen Riesen mit tiefer Stimme grollen und schimpfen. Das Mäuschen kann hoch und ängstlich sprechen und die Schlange sanft und schmeichelnd. Ein paar Patzer sind da überhaupt nicht schlimm.

6 **Vorlesen heißt, sich Zeit zu nehmen.** Lesen Sie den Text in Ruhe vor und machen Sie Pausen. Dann kann Ihr Kind nachfragen, wenn es etwas nicht versteht. Die roten Fragen am Rand bieten Gesprächsanlässe und regen Ihr Kind an, eigene Gedanken zu äußern.

7 **Mehr als Zuhören.** Beziehen Sie Ihr Kind immer wieder spielerisch in die Geschichte ein. Vielleicht kann es der Hexe bei ihrem Zauberspruch helfen oder den Ritter bei seinem Wettrennen anfeuern. Die grünen Ideen am Rand zeigen Ihnen, an welchen Stellen der Geschichte Ihr Kind mitmachen kann.

8 **Kein Vorlesen ohne Bilder.** Schauen Sie sich beim Vorlesen gemeinsam mit Ihrem Kind die vielen tollen Bilder an. Oft gibt es noch etwas Spannendes zu entdecken. Die blauen Fragen verraten Ihnen, wo.

9 **Im Gespräch bleiben.** Mit dem Zuklappen des Buchdeckels muss das Vorlesen nicht vorbei sein. Sprechen Sie mit Ihrem Kind über das Gelesene. Wie fühlen sich wohl die Figuren aus dem Buch? Hat Ihr Kind schon einmal eine ähnliche Situation erlebt?

10 **Eine Geschichte kann noch mehr!** Denken Sie sich zusammen mit Ihrem Kind doch mal ein ganz anderes Ende für die Geschichte aus, oder lassen Sie es ein Bild von der hübschen Prinzessin malen. Zu jeder Geschichte finden Sie dazu eine passende Aktionsidee zum Basteln, Malen, Kochen oder Spielen.

Ann-Katrin Heger wurde 1976 in Nürnberg geboren. Nach ihrem Studium für das Lehramt an Grundschulen arbeitete sie als Redakteurin in verschiedenen Kinder- und Jugendbuchverlagen. Ann-Katrin Heger lebt mit ihrer Familie in Fürth.

Dorota Wünsch wurde 1962 in Lodz in Polen geboren. Sie studierte an der dortigen Kunstakademie und an der Mainzer Universität. Heute lebt sie mit ihrem Mann als freie Illustratorin in Saarbrücken und hat drei erwachsene Kinder.

Vorlesen. Mitmachen. Spaß haben!

In diesen wunderbaren Vorlesebüchern über starke Prinzessinnen, freche Feen, schöne Meerjungfrauen, wilde Piraten, mutige Ritter und gefährliche Räuberbanden findet jedes Kind seine Lieblingsgeschichte. Lustige Fragen, viele Bilder und kleine Spielanregungen laden zum Erzählen, Entdecken und Mitmachen ein.

Maren von Klitzing
Zauberhafte Vorlesegeschichten –
Prinzessinnen, Feen, Meerjungfrauen
Einband und farbige Illustrationen von Daniela Kunkel
Ab 4 Jahren · 80 Seiten · ISBN 978-3-7707-2921-0

Ann-Katrin Heger
Wilde Vorlesegeschichten –
Piraten, Ritter, Räuberbanden
Einband und farbige Illustrationen von Anna Marshall
Ab 4 Jahren · 80 Seiten · ISBN 978-3-7707-2732-2

Weitere Informationen unter **www.ellermann.de**

Alles rund ums Thema Vorlesen!

Auf **www.ellermann.de/vorlesen** finden Sie weitere tolle Bücher, Tipps und Ideen. Wir wünschen Ihnen viel Spaß beim Surfen und Vorlesen.